BEI GRIN MACHT SICH IHR
WISSEN BEZAHLT

- Wir veröffentlichen Ihre Hausarbeit,
  Bachelor- und Masterarbeit

- Ihr eigenes eBook und Buch -
  weltweit in allen wichtigen Shops

- Verdienen Sie an jedem Verkauf

Jetzt bei www.GRIN.com hochladen
und kostenlos publizieren

Einblick in die allgemeine Betriebswirtschaftslehre. Interdisziplinarität, Systemtheorie, Black-Box, Entscheidungssituation, Anreiz-Beitrags-Theorie und Kaufverhalten

Nina H.

Bibliografische Information der Deutschen Nationalbibliothek:

Die Deutsche Nationalbibliothek verzeichnet diese Publikation in der Deutschen Nationalbibliografie; detaillierte bibliografische Daten sind im Internet über http://dnb.d-nb.de abrufbar.

ISBN: 9783346318374
Dieses Buch ist auch als E-Book erhältlich.

Druck und Bindung: Books on Demand GmbH, Norderstedt Germany
Gedruckt auf säurefreiem Papier aus verantwortungsvollen Quellen

Das vorliegende Werk wurde sorgfältig erarbeitet. Dennoch übernehmen Autoren und Verlag für die Richtigkeit von Angaben, Hinweisen, Links und Ratschlägen sowie eventuelle Druckfehler keine Haftung.

Das Buch bei GRIN: https://www.grin.com/document/963023

Allgemeine Betriebswirtschaftslehre

Modul: Allgemeine Betriebswirtschaftslehre

Alternative A

Abgegeben am: 22.03.2020

SRH Fernhochschule

Von:

Nina H.

Studiengang: B.A. Prävention und Gesundheitspsychologie

Inhaltsverzeichnis

Abkürzungsverzeichnis

BWL   Betriebswirtschaftslehre

Genderhinweis

Aus Gründen der leichteren Lesbarkeit wird in der vorliegenden Einsendeaufgabe eine einheitliche Sprachform verwendet. Dies impliziert jedoch keine Benachteiligung eines Geschlechts, sondern soll im Sinne der sprachlichen Vereinfachung als geschlechtsneutral zu verstehen sein.

Interdisziplinarität

Eine dogmatische Einordnung der BWL in die Wissenschaftsdisziplinen lässt sich in der Literatur nicht erkennen. Stattdessen finden sich hierbei unterschiedliche Varianten an Systematisierungen. Dies liegt den Entwicklungen der Inhalte und Herangehensweise der BWL zugrunde. Geschichtlich gesehen ist diesbezüglich erwähnenswert, dass während der ersten Hälfte des 20. Jahrhunderts ein Streit bezüglich unterschiedlicher Vorstellungen über Ziele, Erkenntnissinteresse und damit über die Inhalte und den Sinn der BWL entstand. Hauptvertreter waren dabei Eugen Schmalenbach und Wilhelm Rieger. Rieger vertrat die Meinung, dass sich die BWL ausschließlich mit der theoretischen Erkenntnissuche beschäftigen sollte und sah damit den Schwerpunkt in der Erforschung betrieblicher Probleme und keinesfalls im Ableiten von Handlungsempfehlungen für die Praxis. Schmalenbach hingegen, der bis heute als Begründer der BWL angesehen wird, sah die Wichtigkeit der Inhalte der BWL darin, die generierten theoretischen Erkenntnisse direkt mit der Praxis zu verbinden, um den Betrieben Maßnahmen an die Hand zu geben, mit denen es ihnen möglich ist, mit knappen Gütern, Mitteln oder Aufwendungen festgelegte Ziele und damit wirtschaftlichen Erfolg zu erreichen. Letztendlich setzten sich die Annahmen von Schmalenbach durch. (Knoke 2017) Durch diese Koppelung der BWL mit der betrieblichen Praxis entwickelten sich auch die theoretischen Ansätze (faktortheoretische, entscheidungstheoretische, systemtheoretische und verhaltenstheoretische Ansatz) mit ihren Annahmen und Herangehensweisen weiter. Um den Umfang dieser Sonderprüfung nicht zu überschreiten werden diese jedoch nicht näher beleuchtet.

Aufgrund dieser Entwicklungen der inhaltlichen Struktur und der Denk- und Herangehensweisen in der BWL lässt sich die Beschreibung „Interdisziplinarität" erklären. Diese resultierte aus dem Anspruch BWL solle Praxisbezüge für die Betriebe liefern, daraus, dass Betriebe neuerdings als dynamisch veränderliche Systeme und zudem Menschen nicht mehr nur als Produktionsfaktor angesehen wurden. Demnach kann und soll BWL nicht (mehr) als fix zu den Wirtschaftswissenschaften (und auch nicht nur den Sozialwissenschaften) zugeordnet angesehen werden, sondern steht vielmehr für eine Vereinigung vieler Aspekte verschiedener Wissenschaftsdisziplinen und somit einer Bündelung an für die Themenschwerpunkte der BWL relevanten Inhalte u.A. von Disziplinen der Sozialwissenschaften wie bspw. Psychologie und Soziologie, der

4

Naturwissenschaften wie bspw. Mathematik und Statistik oder der Geisteswissenschaften wie bspw. der Rechtswissenschaft. Diese Entwicklungen in Richtung Interdisziplinarität sind die Gründe für die Entstehung von sog. Bindestrichwissenschaften wie u.A. die Wirtschaftspsychologie, das Wirtschaftsrecht, die Arbeitsmedizin oder die Organisationssoziologie. (Knoke 2017)

Beispiele der Interdisziplinarität der BWL im Bereich Personalmanagement

Die BWL zeigt als einen inhaltlichen Schwerpunkt das sog. Personalmanagement. Darunter werden alle Aufgaben verstanden, die in Bezug zum Personal erfüllt werden wie bspw. Personalbedarfsplanung, -schaffung, -entwicklung, -führung und Motivation. Im Sinne der Personalführung stehen u.A. Themen wie Mitarbeiterzufriedenheit und -gesundheit, Bedürfnisbefriedigung der Mitarbeiter oder Kommunikation im Fokus. Dies sind alles Aspekte, bei denen Erkenntnisse aus der empirischen Forschung der Psychologie gewonnen werden. So dienen bspw. standardisierte Fragebögen zur Arbeitszufriedenheit oder die bekannte maslowsche Bedürfnispyramide der BWL als Grundlagen. Im Sinne der Personalführung muss von der BWL aber auch die Rechtswissenschaft herangezogen werden. Dies ist bspw. dann notwendig, wenn es um Arbeitszeiten, Dienstfreistellungen oder rechtliche Rahmenbedingungen eines Arbeitsvertrages geht. Betreffend der Mitarbeitergesundheit stehen für die BWL neben psychologischen auch medizinischen oder ergonomischen Erkenntnissen im Fokus. Die Psychologie liefert dabei u.A. Informationen zu Zusammenhängen zwischen Führungsstilen und der Gesundheit der Beschäftigten, die Medizin zeigt dabei z.B. physische Veränderungen oder Beeinträchtigungen (Blutdruck, Schmerzen,…) auf und die Ergonomie unterstützt mit ihren Inputs die Einrichtung eines angepassten Arbeitsplatzes, der sich nicht gesundheitsschädigend auswirkt.

Der systemtheoretische Ansatz und die Black Box

Dem systemtheoretischen Ansatz liegen bereits die Erkenntnisse aus dem faktortheoretischen Ansatz nach Gutenberg, der den Betrieb als System von Produktionsfaktoren, den betrieblichen Leistungsprozess und damit lediglich Elementarfaktoren wie Werkstoffe, Betriebsmittel und objektbezogene Arbeitsleistungen in den Fokus stellte und dabei dispositive Faktoren wie die Planung, Organisation oder Geschäftsführung außer Acht ließ und der sich noch nicht mit der realitätsnahen Praxis in Betrieben beschäftigte und aus dem entscheidungstheoretischen Ansatz nach Heinen, der die von Gutenberg erwähnten dispositiven Faktoren aufgriff und sich erstmals über den Anspruch zu sozialwissenschaftlichen Erkenntnissen äußerte, um die Annäherung an die Realität und damit den Einbezug von Menschen als mehr als Produktionsfaktoren, zu Grunde. Der systemtheoretische Ansatz nach Ulrich legte neue Annahmen fest, da er den Betrieb als System mit enthaltenen Subsystemen verstand und dabei die Umweltbedingungen des Betriebes als sog. Suprasysteme erstmals für wirtschaftliche Überlegungen heranzog. Dahingehend wurde der Betrieb als System mit dynamischen Prozessen und dementsprechend die Wichtigkeit von Erkenntnissen bspw. aus der Psychologie, Soziologie, Ökonomie und Technologie erkannt, was eine bedeutsame Entwicklung hin zur betrieblichen Realität darstellte. Diese Grundlagen setzte u.A. Kirsch im verhaltenstheoretischen Ansatz fort. Darin konnten erstmals realistische Modelle, die in der Praxis Anwendung fanden, abgeleitet werden. (Knoke 2017)

Der Anpassungsprozess des Betriebes als System, das umgeben ist von Suprasystemen (Umweltbedingungen), selbst Subsysteme enthält und der Optimierung von Unternehmensprozessen dient, versteht sich als (sozial)kybernetisches System, was Regelkreislauf bedeutet. Sozialkybernetisch wird es deshalb genannt, da es sich hier um soziale Systeme handelt, nicht um rein technische. Dabei geht es darum die Aktivitäten also den Betriebsprozess und das zielsetzende System kontinuierlich durch einen Soll-Ist-Vergleich und im Hinblick auf alles diesbezüglich relevante Systeme, obgleich diese Sub- oder Suprasysteme darstellen, anzupassen. Dabei kann bei Abweichungen dieses Abgleichs eine Korrektur der Aktivitäten und damit eine Veränderung des Ist-Werts und bei einer starken oder dauerhaften Störung eine Anpassung des Soll-Werts erfolgen. (Knoke 2017)

Beispiel Korrekturentscheidung

Ist-Wert: die Fluktuation steigt **Soll-Wert:** die Fluktuation soll so niedrig als möglich sein **Korrekturentscheidung:** um dem entgegenzuwirken, wird ein Pausenraum eingerichtet, indem die Beschäftigten sich kostenlos Kaffee und Tee zubereiten können, die Arbeitszeitmodelle werden flexibler gestaltet und es werden Boni ausbezahlt für Mitarbeitende, die ihr 5-jähriges-Jubiläum im Betrieb feiern. Damit wird versucht, ohne die Beschäftigten selbst miteinzubeziehen, durch veränderte Aktivitäten den gewünschten Soll-Wert zu erreichen.

Beispiel Anpassungsentscheidung

Ist-Wert: es herrscht eine Virus-Pandemie, was zu massiven Gewinneinbußen führt **Soll-Wert:** der Gewinn sollte dieses Jahr maximiert werden **Anpassungsentscheidung:** der Soll-Wert wird abgewandelt. Neue Zielsetzung ist es, das Überleben des Betriebs in der Krisenzeit zu sichern und durch eine vorübergehende Schließung die Mitarbeiter vor einer Infektion zu schützen, um die Regierung bei ihren Maßnahmen zu unterstützen.

Bei diesem Anpassungsprozess liegt der Fokus auf dem Input und dem Output. Dabei werden jegliche Vorgänge, die im inneren dieses Input-Output-Prozesses erfolgen, nicht beachtet. Dies bezeichnet die sogenannte Black-Box. Gemeint sind dabei u.A. menschliche Bedingungen wie bspw. Einstellungen, Wahrnehmungen, Fähigkeiten, Kompetenzen und Kenntnisse sowie das Aufeinandertreffen von unterschiedlichen Personen und die damit verbundenen zwischenmenschlichen Vorgänge. (Knoke 2017) Nach Ulrich ist die Existenz dieser Black-Box legitim, da er die Meinung vertritt, dass es fraglich ist, ob sich die betriebliche Realität überhaupt erklären lässt. Zudem meint er, dass auch mit Nichtbeachtung der Inhalte der Black-Box Erkenntnisse generiert werden können, die zur Prozessoptimierung beitragen. (Ulrich 1971) Kritisiert wird dieser Ansatz, weil bei einem Input-Ouput-Prozess kein Verständnis für die inneren Vorgänge entwickelt werden kann und somit auch keine Vorhersagen getroffen werden können. Ebenfalls muss durch diese Herangehensweise mit qualitativen Einbußen im Rahmen der Gestaltungsmöglichkeiten rechnen. (Schanz 2004)

Entscheidungssituationen

Eine Entscheidung ist immer dann notwendig, wenn das Management in Zusammenarbeit mit Teams, mit Mitarbeitern oder auch allein, Entscheidungen treffen muss, um ihre unternehmerische Tätigkeit und damit verbundene Aufgaben zu erfüllen oder wenn grundlegende Entscheidungen, die mit der Unternehmensgründung in Verbindung stehen getroffen werden müssen. Eine Entscheidungssituation entsteht nach dem entscheidungstheoretischen Ansatz dann, wenn folgende drei Elemente gegeben sind: a) Es sind **Alternativen** vorhanden, aus denen ausgewählt werden kann. Diese Alternativen haben Auswirkungen zur Folge, die im Entscheidungsprozess so gut als möglich berücksichtigt werden müssen. Jedoch besteht hierbei die Gefahr, dass nicht alle Folgen schon im Vorhinein offensichtlich waren, was eine große Unsicherheit darstellt. b) Es gibt bestimmte **Umweltzustände**, die ein Entscheiden beeinflussen oder dieses einschränken oder es liegen **Daten** vor, die für eine Entscheidung relevant sind. Diese Aspekte können vom Entscheider nicht beeinflusst oder abgeändert werden und können somit die Auswahl an Alternativen beschränken. Auch dieser Punkt beinhaltet Unsicherheiten, da dem Entscheider womöglich nicht alle Daten und Umweltzustände, beim Fällen der Entscheidung, bewusst oder bekannt sind. c) Unter diesen Umweltzuständen oder aufgrund von den vorliegenden Daten, wird die Alternative gewählt, die am ehesten zur Erreichung der **gesetzten Ziele** beiträgt. Diese bezeichnen einen gewünschten Zustand, der durch das Fällen von Entscheidungen immer weiter angestrebt wird. Durch diese drei Elemente können zu-erwartende-Ergebnisse im Vorhinein analysiert werden. Dabei kann es vorkommen, dass durch das Vorhaben ein bestimmtes Ziel zu erreichen, das Erreichen eines anderen Unternehmensziel erschwert wird, was zu einer Unsicherheit für den Betrieb führt. (Knoke 2017)

<u>Fiktives Beispiel mit fiktiven Aussagen: Auswahl eines Präsenz- und Prüfungsstandortes der SRH Mobile University</u>

Alternativen: Deutschland, Österreich.

Daten Deutschland: es gibt bereits viele Standorte in Deutschland, die Anzahl der deutschen Studierenden ist verhältnismäßig hoch, die Förderungen in Deutschland wurden für Standorte bereits ausgeschöpft, die Infrastruktur ist schon gegeben, die Lohnkosten sind verhältnismäßig niedrig.

Daten Österreich: es gibt noch sehr wenige Standorte in Österreich, die Möglichkeiten neue Studierende zu gewinnen ist in Österreich sehr hoch, die Installierung eines Standortes in Österreich würde gefördert werden, die Lohnkosten sind verhältnismäßig hoch, es muss in Infrastruktur investiert werden, es existieren noch nicht viele Anbieter von Fernhochschulen aber die Nachfrage steigt.

Ziele: Ausweitung der „Range" – für Studierende möglichst nah sein, mehr Studierende lukrieren und damit Gewinne maximieren, die Qualität für bereits Studierende erhöhen und damit die Zufriedenheit dieser steigern, Bekanntheitsgrad und Ansehen erhöhen.

Grundsätzlich kann eine Entscheidungsmatrix für diese Entscheidungssituation hilfreich sein, da es sich um eine planbare Entscheidung handelt, bei dem gut strukturiert vorgegangen werden kann. Die Entscheidungsmatrix liefert anschließend Ergebnisse, die in der sogenannten Ergebnismatrix dargestellt werden. Die Schwierigkeit besteht darin, die Ergebnisse miteinander zu vergleichen, um die notwendigen Schlüsse für eine Entscheidung zu ziehen. Daher wäre es notwendig, die Ergebnisse in eine Nutzenmatrix zu überführen. Die Nutzenmatrix gibt jedem Ergebnis einen Wert auf einer Skala von 1 = keinerlei Nutzen bis 10 = größter-möglicher Nutzen. Dieser Nutzwert gibt an, wie hoch das Maß für den Grad der Zielerreichung ist, wodurch das Fällen der Entscheidung quantifiziert und demnach erleichtert wird. (Vahs & Schäfer-Kunz 2015) Des Weiteren sind Entscheidungen in der betrieblichen Praxis von Stimmungen und Erfahrungen der einzelnen Entscheidungsträger abhängig, weshalb der Versuch im Vorhinein einen normativen Vorgang mit anschließendem Ergebnis zu bearbeiten, diesbezüglich einen ersten Ansatz ohne Einflussnahme des Individuums bietet. So kann auch eine der Schwierigkeiten bei der Bewertung der drei Elemente teilweise umgangen werden. Im Rahmen der Bearbeitung der Alternativen, Daten und Ziele konnte festgestellt werden, dass die Festlegung, Erfassung und Bewertung dieser Aspekte sich generell als schwierig herausstellte, da in der betrieblichen Praxis ein hohes Maß an Komplexität herrscht. Bei dieser Art von Entscheidung gibt es unterschiedliche Ziele und unzählige potenzielle Umfeldfaktoren, die eine Rolle spielen und manchmal nicht erkennbar und folglich nicht erfassbar sind. Weiters stellt die Erfassung von Daten generell einen Punkt dar, bei dem bspw. Zahlen zu Angebot-Nachfrage oder zu Studierendenzahlen (zumindest) der Verfasserin dieser Einsendeaufgabe nicht vorliegen und somit eine unbegründete Vermutung darstellen. Zudem ist eine Vorhersage über mögliche Ergebnisse der verschiedenen Alternativen oft nur schwer möglich, da auch hier Variablen existieren, die möglicherweise nicht berücksichtigt wurden.

Die Anreiz-Beitrags-Theorie

Die Anreiz-Beitrags-Theorie entspringt dem systemtheoretischen Ansatz und beschäftigt sich mit dem Gedanken, dass einem Betrieb unterschiedliche Anspruchsgruppen gegenüberstehen. Diese werden als „Stakeholder" (= englische Bezeichnung für Anspruchsgruppen) bezeichnet und definieren sich über bestimmte Ansprüche, die sie an den Betrieb haben und über bestimmte Beiträge, die dem Betrieb von Nutzen sind und die sie im Gegenzug leisten. Laut dieser Theorie wird der Beitrag nur dann geleistet, wenn die Anreize für die Anspruchsgruppe zufriedenstellend sind und ihren Erwartungen entsprechen. Bei den Stakeholdern wird zwischen Internen und Externen unterschieden. Interne Stakeholder sind die Beschäftigten des Betriebs unabhängig davon, ob diese eine Führungsposition innehaben oder nicht, Aufsichtsgremien und Betriebsräte und zu den Externen zählen Lieferanten, Kunden, Wettbewerber, Banken, aber auch marktbezogene (staatliche) Institutionen, Anwohner, Medien sowie die Öffentlichkeit und bestimmte gesellschaftliche Gruppen. (Vahs & Schäfer-Kunz 2015) Durch diese Vielfalt an Anspruchsgruppen ergeben sich in einem Betrieb folglich auch vielfältige Zielsetzungen, die bei der Unternehmenssteuerung berücksichtigt werden müssen und für die es von großer Bedeutsamkeit ist, die Stakeholder sowie ihre Erwartungen an Anreizen zu kennen und diese zu erfüllen, um anschließend von ihren geleisteten Beiträgen zu profitieren. Die damit verbundenen Aufgaben werden als Anspruchsmanagement bezeichnet. (Weber, Baum und Kabst 2014) Es folgen Beispiele zu Stakeholdern und ihre Ansprüche, die vom Betrieb erfüllt werden sollten, sowie die Beiträge, die sie im Gegenzug erbringen.

Stakeholder „Mitarbeiter" Die Mitarbeiter bezeichnen eine interne Anspruchsgruppe. Anreize, die ihnen gegeben werden müssen, sind sehr vielfältig und von Person zu Person unterschiedlich. Manchen Mitarbeitern ist ein hohes und/oder sicheres Einkommen sehr wichtig, andere brauchen ein hohes Maß an übertragener Verantwortung und wieder andere erwarten sich Anerkennung. Andere Ansprüche, die Mitarbeiter an ihren Betrieb haben sind u.A. die Möglichkeiten soziale Kontakte zu finden und pflegen, ein angenehmes Betriebsklima, um sich zu haben, Handlungs- und

Entfaltungsspielräume zu erhalten oder das Gefühl zu haben, eine sinnvolle Arbeit zu leisten. Beiträge, die Mitarbeiter leisten, wenn genügend zufriedenstellende Anreize vorhanden sind, ist die Ausführung der übertragenen Arbeitsaufgaben mit einer damit verbundenen adäquaten Qualität und Leistung sowie die Fähigkeiten, Kenntnisse und Fertigkeiten, die der Mitarbeiter mitbringt. (Knoke 2017)

Stakeholder „Management" Auch das Management zählt zu den internen Anspruchsgruppen. Anreize, die dem Management gegeben werden sollen, können u.a. ein hohes und/oder sicheres Einkommen, Übertragung von Verantwortung und der damit verbundenen Macht, Möglichkeiten zur Selbstentfaltung, zum beruflichen Aufstieg oder zur Einflussnahme auf das Unternehmensgeschehen sein. Aber auch das soziale Ansehen und Anerkennung können gute Anreize darstellen. Da es sich auch hierbei um Personen handelt, die sich untereinander unterscheiden, muss erneut auf die individuellen Wünsche und Erwartungen der einzelnen Personen eingegangen werden, um die passenden Anreize zu finden. Wenn die gegebenen Ansprüche gestillt werden, leistet das Management ihre Beiträge im Sinne vom Tragen von Verantwortung und dem Erbringen von Leistung. Die Anspruchsgruppe „Management" leistet ihren Beitrag zudem durch die Kompetenzen, die sie in den Betrieb bringen und das Engagement, das sie zeigen. (Knoke 2017)

Stakeholder „Kunden" Die Anspruchsgruppe der Kunden zählt zu en externen Stakeholder. Sie benötigen qualitativ und quantitativ zufriedenstellende Leistungen, die sich auf die Art der Leistungen des Betriebes beziehen und günstige Preise sowie Konditionen. Zudem erwartet sich diese Gruppe gute Serviceleistungen eines Betriebs. Ist der Kunde mit den gebotenen Anreizen zufrieden, so leistet er seinen Beitrag mit dem Kauf der Leistungen und mit der Treue zu diesen als auch zum Betrieb. Dadurch entsteht die sogenannte Kundenbindung. Des Weiteren profitiert das Unternehmen von der Einhaltung der vereinbarten Konditionen durch den Kunden. (Knoke 2017)

Stakeholder „Staat" Der Staat stellt ebenfalls eine externe Anspruchsgruppe dar. Dem Staat werden Anreize wie die Erfüllung der Steuerpflicht und die Sicherung und/oder Neuschaffung von Arbeitsplätzen geboten. Zudem können Betriebe dazu beitragen, die Infrastruktur weiter auszubauen bzw. dabei mitwirken. Es ist dem Staat ein Anliegen, dass Rechtsvorschriften eingehalten werden und kulturelle, wissenschaftliche, soziale und/oder Bildungsorganisationen möglichst auch etwas vom Dasein des Betriebes haben. Erfüllt der Betrieb die Ansprüche zur Zufriedenheit des Staates, so

leistet die Anspruchsgruppe „Staat" ihre Beiträge, in dem die Infrastruktur zur Verfü-
gung gestellt, die öffentliche Sicherheit gewährleistet wird und/oder günstige wirtschaftliche Rahmenbedingungen vorliegen. (Knoke 2017)

Das Kaufverhalten im Marketing

Die Analyse des Käuferverhaltens nutzt einem Betrieb dahingehend, dass es das Verständnis der Märkte insbesondere der Kunden verbessert. Dabei beschreibt das Käu-
ferverhalten den Kaufprozess von Kunden. Zu Beginn steht die Bedürfnisrealisierung,
bei der der Kunde ein Bedürfnis oder ein Motiv entwickelt und das Unternehmen dieses
Bedürfnis als solches erkennt. Diese Kenntnis braucht es, um die Angebote dementsprechend zu gestalten und mit dem Kunden passend dazu in Kontakt zu treten. (Vahs
& Schäfer-Kunz 2007) **Eigenheim:** Der Kunde verspürt das Bedürfnis nach Sicherheit.
Eine andere Möglichkeit wäre das Bedürfnis nach Investition in die Zukunft oder eine
nachhaltige Anlagemöglichkeit für erspartes Geld zu finden. **Schokoriegel:** Der Kunde
verspürt das Bedürfnis nach etwas Süßem. Andere Möglichkeiten könnten auch sein,
dass er Hunger bzw. Lust verspürt.

Anschließend folgt die Phase der Informationssuche. Kunden unterscheiden sich diesbezüglich zwischen impulsivem (spontan, unüberlegt) und habitualisiertem (aus Gewohnheit) Kaufverhalten, deren Vorgängen nicht rational erklärbar sind sowie zwischen limitierten (wenige Alternativen vorhanden) und extensiven (viele Alternativen
vorhanden) Kaufentscheidungen, die eher als rational eingestuft werden können. Für
Unternehmen ist das daher wichtig, weil es wissen muss, wie Kunden Informationen
suchen und wie viel sie davon erhalten wollen. (Vahs & Schäfer-Kunz 2007) **Eigenheim:** Die Kaufentscheidung bei diesem Beispiel zeigt sich als sehr überlegte Hand-
lung, bei der viele Alternativen vorhanden sind und diese auch mit Bedacht rational
abgewogen werden. Informationen werden vom Kunden gewollt gesammelt. **Schokoriegel:** Das Kaufverhalten bei diesem Beispiel beschreibt einen nicht rationalen Vorgang, der sich impulsiv zeigt. Informationen werden vom Kunden nicht gesammelt, da
diese aus Gewohnheit zugreifen, bei dem was ihnen bekannt ist.

Danach folgt die Alternativbewertung, bei der die Wichtigkeit darin besteht, die Kriterien der Kunden zu kennen, die sie heranziehen, um Alternativen zu bewerten. Dies ist bei extensiven und limitierten Kaufentscheidungen möglich, da diese rational geschehen. Für das Marketing ist dies besonders wichtig, weil aufgrund der Kriterien der Kunden, die Ausrichtung der Kommunikation gewählt wird. Bei impulsiven Entscheidungen hingegen werden Alternativen emotional bewertet und bei habitualisierten Entscheidungen spielt die Zufriedenheit der Kunden die wichtigste Rolle. Alternativbewertung und die Entscheidung für eine der Alternativen führt noch nicht zwingend zu einem Kauf. (Vahs & Schäfer-Kunz 2007) **Eigenheim:** Egal ob es genügend oder nur wenige Alternativen gibt, diese werden rational bewertet. Wie viele m2 müssen vorhanden sein? Wie hoch sind die Kosten? Wie hoch werden die Betriebskosten sein? Wo liegt der Standort? Etc. **Schokoriegel:** Auf Grundlage der Gewohnheit wird der Kunde, wenn er mit dem letzten Schokoriegel zufrieden war, wieder denselben als gut bewerten. War er nicht zufrieden, wird er sich nach einem anderen umsehen und diesen neu bewerten. Überwiegt der Impuls bei den Entscheidungen, so steht die Emotion im Vordergrund. Das könnte eine ansprechende Verpackung des Riegels sein.

Dies erfolgt erst durch die Kaufentscheidung. Deshalb ist es für ein Unternehmen wichtig, mögliche Hindernisse zu kennen, die einen Kunden von der Tätigkeit des Kaufes abhalten könnten, um diesen entgegenzuwirken. (Vahs & Schäfer-Kunz 2007) **Eigenheim:** Bei der Kaufentscheidung am Beispiel Eigenheim spielen viele Faktoren eine Rolle, damit es tatsächlich zum Kauf kommt. Neben anderen Mitbewerber können aber auch ein unvorhergesehener Jobverlust oder Probleme mit dem Kreditinstitut von einem Kauf abhalten. **Schokoriegel:** Herausforderung bei der Kaufentscheidung am Beispiel Schokoriegel können quengelnde Kinder, die Öffnung eines neuen Kassabands, an dem es diesen Schokoriegel nicht gibt oder eine nicht-funktionierende Bankkarte sein.

Zuletzt schließt der Kaufprozess mit der Phase des Verhaltens nach dem Kauf ab. Dabei geht es um Kundenzufriedenheit, Weiterempfehlungen und den Gründen einer Wiederholung des Kaufes bzw. einer Nicht-Wiederholung. (Vahs & Schäfer-Kunz 2007) **Eigenheim:** Dabei steht die Kundenzufriedenheit im Vordergrund, um Weiterempfehlungen zu fördern und das Ansehen des Ausführenden zu steigern, was weitere

Kunden zur Folge hat. Kaufwiederholungen werden hierbei nicht angestrebt. **Schoko-riegel:** Hier steht die Kundenzufriedenheit im Vordergrund, die die Wahrscheinlichkeit der Weiterempfehlung der Wiederholung des habitualisierten Kaufs erhöht.

Literaturverzeichnis

Knoke. *Studienbrief Betriebswirtschaft als Wissenschaft.* Riedlingen: SRH
    Fernhochschule, 2017.

Schanz. „Wissenschaftsprogramme der Betriebswirtschaftslehre." In *Allgemeine
    Betriebswirtschaftslehre. Band 1: Grundfragen, 9. Auflage,* von M. Schweitzer
    und F.X. Bea, 83-164. Stuttgart: Hrsg., 2004.

Ulrich. „Der systemorientierte Ansatz in der Betriebswirtschaftslehre." In
    Wissenschaftsprogramm und Ausbildungsziele der Betriebswirtschaftslehre.
    Bericht von der wissenschaftlichen Tagung des Verbandes der
    Hochschullehrer für Betriebswirtschaft e.V. in St. Gallen vom 2.-5. Juni 1971,
    von G. Kortzfleisch, 43-60. Berlin: Hrsg., 1971.

Vahs, und Schäfer-Kunz. *Einführung in die Betriebswirtschaftslehre, 5. Auflage.*
    Stuttgart, 2007.

—. *Einführung in die Betriebswirtschaftslehre, 7. Auflage.* Stuttgart, 2015.

Weber, Baum, und Kabst. *Einführung in die Betriebswirtschaftslehre, 9. Auflage.*
    Wiesbaden, 2014.

BEI GRIN MACHT SICH IHR WISSEN BEZAHLT

- Wir veröffentlichen Ihre Hausarbeit,
  Bachelor- und Masterarbeit

- Ihr eigenes eBook und Buch -
  weltweit in allen wichtigen Shops

- Verdienen Sie an jedem Verkauf

Jetzt bei www.GRIN.com hochladen und kostenlos publizieren